Maurizia Mainardi

Tra Passato e Presente

Titolo | Tra Passato e Presente
Autore | Maurizia Mainardi
ISBN | 979-12-20321-01-3

Youcanprint
Via Marco Biagi 6 - 73100 Lecce
www.youcanprint.it
info@youcanprint.it

"…e aspetto sempre che il mio giorno arrivi"
Elsa Morante, *L'isola di Arturo*

"Se non così, come? E se non ora quando?"
Primo Levi, *Se non ora, quando?*

Introduzione

Ogni libro rappresenta una finestra spalancata su un momento storico-culturale ben preciso, una fotografia del sentimento e dell'humus di un'epoca.

Questo è un viaggio tra i libri, un viaggio tra passato e presente, un collage di impressioni, riflessioni, memorie e testimonianze che abbracciano due secoli e si affacciano su un millennio ancora dibattuto negli spasmi di questioni fondamentali; diritti umani, parità di genere, tutela ambientale, conservazione del patrimonio artistico-architettonico ereditato, sicurezza sul lavoro, equità e progressione fiscale, una politica al servizio di una comunità che possa definirsi tale nel reciproco rispetto, nella coesione sociale e intergenerazionale.

Ogni tessera del mosaico compone una linea temporale che attraversa l'Ottocento, arriva alle due guerre mondiali che avviluppano nelle loro spire i morti e i vivi, e si dipana fino ai giorni nostri con tutta una serie di temi irrisolti.

Parte Prima

La Storia

«Voi che vivete sicuri

Nelle vostre tiepide case,

Voi che trovate tornando a sera

Il cibo caldo e visi amici[…]

Meditate che questo è stato»

Primo Levi, *Se questo è un uomo*

«Die Toten haben immer recht»

Friedrich Dürrenmatt, *Der Richter und sein Henker*

I - Il mito

All'inizio fu il mito.

Il grande racconto di Ulisse, di Piero Boitani, 2016, focalizza l'attenzione su un Ulisse desideroso di esperire il mondo; un uomo che per dieci anni ha vagato per il Mediterraneo sapendo di dover tornare a Itaca, da una sposa invecchiata nell'assenza e da un figlio sconosciuto.

Giunto a Itaca, Ulisse non si palesa subito, osserva, valuta, sopporta con pazienza le angherie dei Proci in attesa del riscatto. Ulisse è l'uomo capace di orientarsi guardando le stelle, di progettare, e di prevedere le conseguenze delle proprie e altrui azioni. Gli tiene testa una Penelope che usa l'intelletto e la pianificazione per perseguire i propri scopi.

Ulisse rievoca le proprie avventure introducendo la tecnica del flashback, e quando Telemaco parte alla ricerca di informazioni sul padre, vengono aggiunti episodi non presenti nell'*Iliade*.

L'*Odissea* è il poema del dopoguerra, del ritorno del reduce, ma è anche il poema della senescenza nel quale tutti i sopravvissuti alla guerra sono invecchiati; ed è un poema borghese quando Nausica e Alcinoo pensano ad Ulisse come possibile marito e genero.

Epico nella forma, costituisce l'archetipo del romanzo attraverso i riconoscimenti della memoria che scatenano emozioni fortissime, fondando due modelli narrativi ripresi infinite volte: il viaggio e il ritorno.

Nel Medioevo Ulisse è condannato all'Inferno dantesco per il suo ingegno e la voglia di sperimentare, ma il Rinascimento lo rivaluta proprio come prefigurazione poetica del navigatore e dello scopritore di mondi. Successivamente molti poeti e scrittori sono rimasti affascinati dal viaggiatore Ulisse il cui ritorno è la riconciliazione con la finitezza dell'esistenza umana.

Per chi ha affrontato i temi di Odisseo, il messaggio finale riguarda la posizione dell'uomo di fronte all'immensità del mito e della storia.

Con un balzo arriviamo a Marlow, novello viandante testimone degli orrori del colonialismo in *Cuore di Tenebra* di Conrad, e passiamo agli orrori di Auschwitz in *Se questo è un uomo* di Primo Levi, il quale intitola un capitolo "Il Canto di Ulisse" per il suo ostinato tentativo di recitare i primi versi del XXVI Canto dell'Inferno; il tentativo di rimanere ancorato alla sua umanità e far entrare la poesia nel campo di sterminio.

Eugenio Scalfari (*Per l'alto mare aperto*, 2010) considera il mito di Odisseo l'aurora della modernità; l'*Odissea* è un tragitto durante il quale l'Io viene costruito attraverso tutte le varie esperienze: « L'Io si manifesta nel corso di un tragitto. Non ha importanza la misura spaziale e temporale di quel tragitto. Hanno importanza invece i mutamenti, gli incontri, il nascere e l'offuscarsi della coscienza che avvengono durante quel tragitto che per ognuno di noi è la vita, per le creazioni artistiche è il dipinto, la frase musicale, il racconto letterario, il brano poetico che ne esprimono l'epifania.»

Luigi Malerba fornisce un'angolazione rivolta piuttosto alla relazione di coppia, Penelope versus Ulisse.

Il romanzo *Itaca per sempre*, del 1997, si snoda in un continuo cambio di prospettiva fornendo alternatamente la voce di Ulisse e il punto di vista di Penelope. Ulisse diffida delle donne e insegna a Telemaco a diffidare anche della propria madre; Penelope ha riconosciuto Ulisse ma il suo orgoglio ferito le impedisce di perdonare l'affronto subito. Sia Ulisse che Telemaco hanno momenti di cedimento emotivo che non sembrano intaccare la loro riconosciuta virilità, mentre Penelope vorrebbe poter indossare un'armatura e brandire una spada per affermare il proprio valore e conquistarsi quel rispetto a lei non tributato poiché donna.

Ulisse non si cura nemmeno di nascondere i propri tradimenti durante i dieci anni di lontananza nei quali ha condannato moglie e figlio a ogni sorta di soprusi.

Penelope gioca con il marito e deride l'arroganza del guerriero che aspira all'immortalità tramite il ricordo futuro delle proprie gesta. Il suo animo femminile è umiliato dalla malafede e dalla sfiducia mostrate sia da Ulisse che da Telemaco, ed è inorridito dalla loro capacità di procurare morte al nemico senza provare rimorso. Penelope si rende conto che la sua visione del mondo non collima con quella maschile ma alla fine, temendo di perdere nuovamente Ulisse, lo accetta con le sue mille sfaccettature e menzogne coinvolgendolo nel progetto di far narrare le sue vicende in due poemi, uno sulla guerra di Ilio e l'altro sul viaggio di ritorno a Itaca.

L'Ulisse maturo ha compreso il disegno della moglie ed è consapevole di aver attraversato il mare della propria giovinezza.

II - La Storia

L'imbarbarimento determinato dalla prima guerra mondiale e l'insensatezza dello spreco di vite umane confluiscono per l'austriaco Hermann Broch (*Die Schlafwandler*, 1932) nella speranza in un mondo più libero e giusto, così, quando la guerra sarà finita, i sopravvissuti saranno restituiti alla libertà e alla giustizia, altrimenti il sacrificio dei caduti sarà stato inutile[1].

Il senso di disfacimento di un'epoca incombe su tutto il racconto *Mio caro dott. Gräsler*, dell'austriaco Arthur Schnitzler (1917), dal quale Roberto Faenza trasse un bel film nel 1990.

Gräsler è *L'uomo senza qualità* di Robert Musil, l'uomo in fuga di Joseph Roth (*Flucht ohne Ende*), un distratto viandante dell'esistenza che ha paura di vivere e si lascia vivere all'alba del Novecento. Troppo vile per agire, calpesta la generosità di chi lo ama e scivola verso il baratro. Sullo sfondo le avvisaglie del primo conflitto mondiale che muterà radicalmente il mondo di ieri, una irreversibile cesura fra il prima e il dopo, una irrevocabile perdita dei valori e dei sogni di intere generazioni.

Stefan Zweig, narratore austriaco cresciuto in un'ottica cosmopolita, abituato a relazionarsi con numerosi intellettuali di varia nazionalità, fra i

---

[1] «...*wenn der Krieg vorbei ist, wird alles anders werden...wir sind durch den Krieg irgendwie primitiver geworden... es handelt sich um die Freiheit und um die Gerechtigkeit in der Welt...man spielt nicht mit dem Menschenleben, es muss etwas geschehen, sonst sind alle Opfer umsonst gewesen..*». Hermann Broch , *Die Schlafwandler*, 1932

quali il caro amico ed intellettuale francese Romain Rolland, non si rassegna all'annientamento fisico e morale imposto dalla Grande guerra e, nelle sue memorie (*Die Welt von Gestern*, 1942), descrive la sensazione di rinascita nel suo esilio su suolo elvetico[2].

L'immediato primo dopoguerra descritto da Stefan Zweig in *Die Welt von Gestern,* fu costellato da miseria, caos e speculazione finanziaria a danno degli onesti.

Inoltre, per chi era solito viaggiare attraverso i vari paesi europei, non era infrequente vedere, in Italia e in Germania, masnade di giovani addestrati alla violenza, come descritto anche da Thomas Mann in *Mario und der Zauberer*, 1937.

Vittorio Foa (*Questo Novecento*, 1996) definisce il fenomeno: «squadrismo sanguinario al servizio della borghesia agraria in vaste zone del centro-nord, dalla Toscana all'Emilia e alla Lombardia. Gli agrari cercarono nella violenza la risposta più elementare al loro sconforto per i successi del sindacalismo agricolo nel 1919».

In Italia «i contadini erano stati mandati alla guerra in massa» e dopo la guerra «volevano la terra che era stata loro promessa dopo Caporetto[…] anche gli operai rivendicavano una presenza politica e un sostanziale miglioramento nelle loro condizioni». (Vittorio Foa, *Questo Novecento*, 1996)

---

[2] *«In der einen Sekunde, da ich die Grenze überschritten hatte, dachte ich schon anders, freier, erregter, unserviler, und ich erprobte gleich am nächsten Tag, wie nicht nur unsere seelische Disposition, sondern auch der körperliche Organismus innerhalb der Kriegswelt herabgemindert wurde…».* Stefan Zweig, *Die Welt von Gestern*, 1942

Durante la Prima guerra mondiale molte donne avevano rimpiazzato gli uomini nelle fabbriche e negli uffici e chiedevano perciò una relazione paritetica e nuovi diritti.

Questi cambiamenti vengono descritti bene da Joseph Roth in *Die Kapuzinergruft* (1938), opera incentrata in realtà sul senso di desolazione e disperazione che accomuna trasversalmente tutti i reduci di ogni guerra; reduci come il Franz Tunda di *Flucht ohne Ende*[3] (Joseph Roth, 1927).

Allo stesso modo, il soldato sconfitto di Heinrich Böll (*Geschäft ist Geschäft*, 1950)[4] non riesce a scendere in tempo dalla metafora della Strassenbahn, e resta al palo mentre gli altri si sono ricollocati nelle precedenti posizioni senza pagare pedaggio.

Con l'ascesa di Hitler al potere nel 1933, in Germania fu proibita la fruizione delle opere di numerosi autori e artisti di lingua tedesca, tra cui lo stesso Stefan Zweig, e anche la sua permanenza in Austria non era più sicura.

---

[3] *«und wusste nicht, was er machen sollte.*
Er hatte keinen Beruf, keine Liebe, keine Lust, keine
Hoffnung, keinen Ehrgeiz und nicht einmal Egoismus.
So überflüssig wie er, war niemand in der
Welt». Joseph Roth, *Flucht ohne Ende*, 1927
[4] *«…als wir nach Hause*
kamen, sind sie aus dem Krieg ausgestiegen wie aus
einer Strassenbahn, die gerade dort etwas langsamer
fuhr, wo sie wohnten, sie sind abgesprungen, ohne den
Fahrpreis zu bezahlen ». Heinrich Böll, *Geschäft ist Geschäft*, 1950

Così Zweig dovette imparare l'arte di prendere congedo dalle radici che erano state il suo orgoglio e il suo amore[5].

Il soggiorno a Londra garantì a Zweig quella sicurezza fisica che lui angosciosamente sapeva non assicurata a molti suoi familiari e conoscenti rimasti sul suolo austriaco e tedesco, finché lui stesso si scoprì nuovamente indesiderato allo scoppio della seconda guerra mondiale, quando essere di madrelingua tedesca significava essere assimilati al nemico.

L'ultimo approdo in Brasile rappresentò anche l'ultimo sradicamento al quale non riuscì a sopravvivere; fu ritrovato morto nel febbraio del 1942.

Ernst Toller si era suicidato nel 1939 negli Stati Uniti.

Joseph Roth era deceduto in un ospizio di Parigi nello stesso anno.

L'ultimo dei Trotta (Joseph Roth, *Die Kapuzinergruft*, 1938) si sentiva un morto tra i vivi, «ausgeschaltet unter den Lebenden».

La perdita dell'identità culturale era il lutto dell'anima, una ferita non rimarginabile.

Inge Scholl (*Die Weiße Rose*, 1988), sorella di Hans e Sophie Scholl, giustiziati il 22 febbraio 1943, testimonia l'esperienza della "Rosa Bianca", un movimento di opposizione intellettuale che si proponeva di risvegliare le coscienze e che fu stroncato tra il 1943 ed il 1944, quando i nazisti effettuarono decine di arresti a Monaco e Amburgo. Studenti,

---

[5] «..*wenn wir Gejagten und Vertriebenen*
in diesen Zeiten, die jeder Kunst…feind sind, eine Kunst
noch neu zu lernen hatten, so war es die des Abschiedsnehmens
von allem, was einstens unser Stolz und unsere
Liebe gewesen (war)...». Stefan Zweig, *Die Welt von Gestern*, 1942

docenti, librai, artisti, architetti, liberi professionisti, le loro famiglie e i loro conoscenti furono arrestati, torturati, uccisi in carcere o nei campi, eppure ciò che queste persone avevano fatto era stato rivendicare pacificamente il diritto di ogni essere umano alla libertà per riscoprire una dimensione umana dell'esistenza[6].

Primo Levi (*I sommersi e i salvati*, 1986) passa in rassegna il tentativo non riuscito dei nazisti di distruggere i campi di sterminio; la condizione del prigioniero comune, destinato a soccombere per sfinimento, violenze subite o la selezione alla camera a gas; e la condizione dei prigionieri della "zona grigia".

I più odiati erano i *kapos* delle squadre di lavoro, noti per la loro crudeltà nei confronti dei compagni di sventura. Poi vi erano i *Sonderkommando*, ebrei ai quali era affidata la gestione dei crematori per un breve periodo prima di essere eliminati e sostituiti da una nuova squadra.

«Aver concepito i Sonderkommando è stato il delitto più demoniaco del nazionalsocialismo….Attraverso questa istituzione si tentava di spostare su altri, e precisamente sulle vittime, il peso della colpa, talché, a loro sollievo, non rimanesse neppure la consapevolezza di essere inno-centi[…]gli assassini sono esistiti... e confonderli con le loro vittime è una malattia morale… soprattutto è un prezioso servigio reso ai negatori

---

[6] «Was hatten diese Menschen getan?... Sie haben etwas Einfaches verteidigt, sind für etwas Einfaches eingestanden, für das
Recht und die Freiheit des einzelnen Menschen, für
seine freie Entfaltung und ein freies Leben…was sie
wollten, war, dass Menschen wie du und ich in einer
menschlichen Welt leben können..». Inge Scholl, *Die Weiße Rose*, 1988

della verità… confondere i due ruoli significa voler mistificare dalle basi il nostro bisogno di giustizia…» (da *I sommersi e i salvati*).

Gli ebrei che combatterono contro il nazifascismo in tutta Europa furono centinaia di migliaia. Nel romanzo *Se non ora, quando?*, 1982, Primo Levi racconta le drammatiche vicessitudini di alcuni ebrei polacchi e russi che formarono gruppi armati per sopravvivere e difendersi. Dalle foreste della Russia Bianca, attraverso la Polonia e l'Italia verso la Palestina.

«… E la guerra è soprattutto una gran confusione, sul campo e anche nella testa della gente: molte volte non si capisce neppure chi ha vinto e chi ha perso, lo decidono poi i generali e quelli che scrivono i libri di storia…».

Le bande armate formate da ebrei dovevano guardarsi le spalle non solo dai nazisti ma anche da milizie russe e polacche che in alcuni casi avevano ucciso o disarmato i partigiani ebrei «Ci accettano come martiri,…ma come alleati non ci accettano ».

Alla mancata integrazione degli ebrei fa da contraltare la negazione dei diritti della donna, oppressa da leggi e consuetudini reazionarie, «..le donne oggi vanno in esilio come gli uomini, sono impiccate come gli uomini, e sparano meglio degli uomini…» (da *Se non ora, quando?*, 1982).

Rosetta Loy (*La parola ebreo*, 1997) delinea il percorso storico che vide un inasprimento delle misure repressive contro gli ebrei italiani. Le voci dissidenti di Pio XI e di alcuni vescovi, non solo italiani, furono soffocate dalla propaganda filo-nazista. La scrittrice ripercorre le tappe che hanno condotto all'espulsione degli intellettuali ebrei dalle università italiane e da tutti gli incarichi pubblici.

Pochi rifiutarono di occupare cattedre liberatesi forzosamente; uno fu Massimo Bontempelli.

Nel 1938 in Italia entrarono in vigore le leggi razziali, nonostante le proteste formali di Pio XI che morì nel 1939, alla vigilia del pronunciamento di un suo discorso i cui fogli, scomparsi, riapparirono parzialmente solo nel 1959.

A Pio XI succedette il Segretario di Stato dell'epoca, Pacelli, vicino all'area diplomatica tedesca e gradito a Mussolini.

Nel saggio *La Banalità del Male* di Hannah Arendt, 1963, basato sugli atti del processo istruito a Gerusalemme contro il criminale nazista Eichmann, viene analizzato l'atteggiamento tenuto dai vari stati europei rispetto alle procedure di rastrellamento e deportazione degli ebrei residenti sul proprio territorio.

Il lungo e dettagliato saggio di Anna Foa, *Diaspora*, 2009, sottolinea il fatto che l'emancipazione degli ebrei residenti nell'Europa occidentale cominciò a fine Ottocento; viceversa, gli ebrei dell'Europa orientale, soggetti a frequenti pogrom, a fine Ottocento cominciarono ad emigrare verso ovest, soprattutto verso gli Stati Uniti, come racconta anche il saggio di Joseph Roth *Juden auf Wanderschaft*, 1927.

Nonostante le aperture culturali, la storica Anna Foa evidenzia il sotterraneo antisemitismo che dominava la scena europea di inizio secolo (XX secolo) come dimostrano sia il caso Dreyfus sia il credito dato al testo *I*

Protocolli dei Savi di Sion, sebbene il libello fosse già stato denunciato dal Times londinese come una falsificazione portata in Francia da profughi russi dopo la rivoluzione di Ottobre.

Alla fine dell'Ottocento e all'inizio del Novecento imperava il senso di superiorità delle potenze coloniali rispetto alle popolazioni colonizzate, considerate inferiori, come racconta anche Mike Davis in *Olocausti tardo-vittoriani*, 2000.

Il saggio di Anna Foa in edizione 2009, *Diaspora,* abbraccia un secolo di storia, dal genocidio che gli Ottomani perpetrarono ai danni degli Armeni senza che la comunità internazionale sollevasse troppe proteste, alle prime vittime del periodo nazista, disabili, pazienti psichiatrici, emarginati ed oppositori politici.

Agli ebrei inizialmente fu consentito di espatriare, ma diventava sempre più difficile essere accolti dagli altri paesi europei o dagli Stati Uniti.

Il *Refugee Blues (1939)* di Wystan Hugh Auden evidenzia l'impossibilità di far comprendere l'urgenza di essere accolti per scampare a morte certa.

Nel 1939 vi fu anche l'odissea dei passeggeri ebrei a bordo della St Louis che dalla Germania speravano in una salvezza oltre oceano. In realtà, Cuba, Stati Uniti e Gran Bretagna rifiutarono l'ingresso. Fu contrattata una suddivisione dei passeggeri tra Francia, Belgio e Paesi Bassi, paesi nei quali in seguito vi sarebbero stati rastrellamenti e deportazioni degli ebrei.

In Italia le leggi razziali (Michele Sarfatti, *Le leggi antiebraiche spiegate agli Italiani di oggi,* 2002), furono emanate nel 1938, ma trovarono applicazione soprattutto dopo l'armistizio, quando nazisti e fascisti cominciarono ad arrestare gli ebrei residenti. Gli ebrei di Roma rimasero due giorni in custodia prima della deportazione e dal Vaticano non arrivò alcun segno.

In Italia, dopo il 1938, si rendeva legittimo ciò che in Germania i cittadini tedeschi di confessione ebraica, spesso decorati nella Grande guerra, stavano già subendo; persone radicate in un luogo da innumerevoli generazioni venivano improvvisamente private del diritto ad esistere, prima con la morte civile, e successivamente con esecuzioni sommarie e deportazioni.

L'atmosfera del racconto *Ein Landarzt* , (Franz Kafka, 1918), sembra prefigurare il destino al quale sarebbero stati assoggettati gli ebrei qualche decennio più tardi.

Kafka descrive il disconoscimento dello status sociale del medico di campagna fino al suo annientamento. Il medico viene cacciato dalla sua casa, privato dei beni e della domestica, portato in una landa desolata presso una famiglia che lo spoglia degli abiti togliendogli lo status e minacciandolo di morte in caso di decesso del paziente. Nel racconto si assiste al sovvertimento dei ruoli: il Knecht, il servo, sottomette il medico, e la comunità del paziente lo minaccia misconoscendone la funzione e l'autorità. La neve che ricopre ogni dove preannuncia il lenzuolo funebre.

Un film diretto nel 1970 da Vittorio De Sica, *Il giardino dei Finzi Contini*, tratto dall'omonimo romanzo di Giorgio Bassani, riproduce l'atmosfera del periodo fascista e la repentina esclusione dei cittadini italiani di confessione ebraica da qualunque sfera civile e politica, fino al loro arresto.

Nello stesso anno Vittorio De Sica ritrasse anche il reduce italiano disperso nella campagna di Russia nel film *I girasoli*, con la commovente colonna sonora di Henri Mancini.

Dopo il 1945 i due grandi nuclei europei di cultura ebraica, quello tedesco e quello russo, non esistevano più.

Dei dieci milioni di ebrei europei ne rimanevano meno di quattro, molti dei quali emigrati negli Stati Uniti e in Israele, i nuovi punti di riferimento.

Gli ebrei statunitensi si dividevano tra le città di New York, Boston, Filadelfia, Los Angeles, e già negli Anni Cinquanta rientravano nel ceto borghese descritto da Philip Roth in *American Pastoral,* 1997.

I regimi comunisti osteggiavano gli ebrei per il loro multiculturalismo e perché erano in gran parte di estrazione borghese. Se nei paesi dell'Europa orientale gli ebrei continuavano ad essere perseguitati, nell'Europa occidentale gli ebrei tornati dai lager furono pochi e per i pochi sopravvissuti fu difficilissimo rientrare in possesso di quanto era stato loro sottratto.

Chi tornava dai campi di sterminio non sempre riceveva una buona accoglienza perché avrebbe chiesto la restituzione di quanto tolto con il sopruso.

Nel 1946, gli ebrei di Kielce, Polonia, molti ritornati da Treblinka, furono massacrati dai propri concittadini; e non fu l'unico pogrom di ebrei in Polonia,(Jan T. Gross, *Fear*, 2006). L'epurazione degli ebrei avviata in Russia prima della seconda guerra mondiale proseguì anche alla fine della guerra né la morte di Stalin migliorò la situazione.

Rimaneva l'opzione Palestina, (il ritorno ai territori dai quali i Romani li avevano cacciati nel primo secolo d.C.), resa ardua dai Britannici che avevano il controllo militare dell'area.

Nel 1947 una nave carica di ebrei attirò l'attenzione della stampa mondiale; per evitare che decine di sopravvissuti ai campi arrivassero in Palestina, i Britannici decisero di speronare la nave, riportare i passeggeri in Germania e rinchiuderli nuovamente nei lager, scatenando così proteste su larga scala.

Nel 1947 uscì in tiratura ridotta presso De Silva *Se questo è un uomo*, inizialmente proposto a Einaudi; solo quindici anni più tardi il clima culturale sembrò più disponibile ad ascoltare, a ricordare e confrontarsi con il passato e con la Schuldfrage.

Negli Anni Sessanta gli ebrei cominciarono ad elaborare una memoria della Shoah e trovarono una migliore predisposizione ad essere ascoltati. Il processo ad Eichmann impose la Shoah all'attenzione mondiale e ne affermò l'unicità. L'allestimento teatrale di *Der Stellvertreter*, Rolf Hochhut,1963, innescò una seria riflessione sul fatto che lo sterminio abbia avuto luogo in terre di civilizzazione cristiana la cui dottrina per secoli ha indicato gli ebrei come popolo deicida.

Nel 1951 Israele accettò di avvicinarsi alla BRD per non essere tagliata
fuori dalla politica occidentale e per chiedere i risarcimenti che contri-
buirono al decollo economico dello stato israeliano.

Nel 1981 il pogrom di Kielce fu ricordato da Solidarność e dieci anni
dopo il pontefice Giovanni Paolo II espresse il suo sincero rammarico
per qualunque violenza antisemita in terra polacca.

III - Il dopoguerra

Nel 1947 Primo Levi propose *Se questo è un uomo* alla casa editrice Einaudi che lo rifiutò e il clima cominciò a cambiare solo negli anni Sessanta quando il processo Eichmann impose la Shoah all'attenzione mondiale e opere come *Der Stellvertreter* di Rolf Hochhut, 1963, o *Die Ermittlung* di Peter Weiss, 1965, posero interrogativi sull'humus culturale che da secoli considera gli ebrei come popolo deicida.

Sintesi della violenza e della inumanità di ogni guerra in ogni tempo è il racconto *Kassandra*, 1983, nel quale Christa Wolf dà voce alla maggiore delle figlie di Priamo.

Intrighi, ignavia, tradimenti, uomini che non vogliono essere eroi ed altri che rivelano l'indole sanguinaria.

Dalla sua posizione sospesa tra i palazzi del potere e le vicende quotidiane, Kassandra osserva le debolezze e il calcolo dei potenti, l'arte di individuare un nemico prima che esso si qualifichi come tale, la ferocia degli uomini, strumenti di vilipendio e di morte, e il destino delle donne, prede di guerra, violentate e barbaramente trucidate.

Prima di essere giustiziata, Kassandra riflette sulle cause che innescano una guerra e sulle indicibili sofferenze che essa comporta, ma la sua analisi investe piuttosto la rappresentazione stessa della donna in una società incapace di riconoscere al genere femminile uguali diritti, una società che svilisce la donna e ne soffoca la voce.

Vittorio Foa (*Questo Novecento*, 1996), descrive la miseria, il freddo, la fame dell'immediato secondo dopoguerra: «Le necessità di ogni giorno ci schiacciano sull'immediato. In molti pezzi del paese la miseria era quella di sempre, forse anche più dura[...] Il vero protagonista di quel dopoguerra fu la disoccupazione. Allora metteva veramente paura. Tornavano a centinaia di migliaia dai campi di prigionia in Asia, in Africa e in America, tornavano dall'internamento in Germania, tornavano i profughi divisi dalla guerra e si ritrovavano senza lavoro e senza casa».

Ernst Toller aveva già narrato la parabola del reduce della prima guerra mondiale in *Hinkemann*, 1922, e non dissimili sono i resoconti offerti da Heinrich Böll o da Wolfgang Borchert (*Draussen vor der Tür*, 1947) sul reduce della seconda guerra mondiale.

Il Beckmann di Borchert indossa ancora la divisa di soldato e la Gasmaske con lenti graduate, perché non possiede null'altro e niente lo attende in patria.

Solo, affamato, infreddolito, vaga per le vie della città, ossessionato dalle voci dei vivi che reclamano i morti, quegli undici morti della sua squadra; adesso la vuole restituire quella responsabilità, all'ufficiale che mandò lui e la sua squadra in perlustrazione, all'ufficiale che sulla coscienza ha centinaia di morti ed è tornato alla sua agiata vita borghese, in seno alla sua normale famiglia borghese. I Beckmann rimangono draußen vor der Tür, fuori dalla porta.

Wolfgang Borchert morì nel 1947 ad appena ventisei anni, e fu Heinrich Böll a diventare il cantore degli umili e dei vinti attraverso l'arco di tre decenni.

Käte (Heinrich Böll, *Und sagte kein einziges Wort*, 1953) sente l'odio su di sé, e si sorprende per l'orrore di un inaspettato gesto di cortesia del carnefice, fino a scoprire che forse quel gesto deriva solo dal fatto che la miseria e le tribolazioni li hanno fatti invecchiare precocemente, lei e Fred, così grigi e poveri allo specchio.

Dalle empatie di Fred e Käte, che si raccontano alternatamente, emergono due persone sopraffatte dalle gerarchie sociali, dal pregiudizio e dai rancori di chi ha il potere di annientarli.

L'effetto di questo schiacciamento è l'impossibilità di condurre una vita coniugale e di offrire un futuro ai propri figli.

Un bambino di dieci anni è il filo conduttore di *In der Erinnerung* (Dieter Forte, 1998). Un bambino scalzo e macilento, che osserva le macerie della sua città dalle rovine di una casa nell'estate del 1945. Il suo sguardo si spalanca su un paesaggio lunare, un deserto di pietre da cui ogni tanto emergono fantasmi che si aggirano alla ricerca del necessario per sopravvivere un altro giorno. Il nucleo familiare ancora esistente si ricompatta, ripartisce i compiti, sorveglia il poco racimolato nel timore di vederselo sottratto da altri disperati, e attende con angoscia la notte, che avvolge tutto ed evoca il silenzio dei morti.

Il bambino sa che questo mondo incerto ed insicuro è l'unico che gli si offra, altro non c'è, e chi si permette di sognare muore di fame e di freddo[7].

Più indefinito e sospeso è l'universo nel quale si muove la gracile Momo (Michael Ende, *Momo*, 1973), bambina dall'età indecifrabile, speculare al suo opposto nel tempo, Meister Hora, che racchiude in sé l'intero ciclo dell'esistenza, perché il tempo è vita e la vita alberga nel cuore.

Se consumismo e ritmi frenetici annientano le relazioni umane e corrompono l'animo, questo Märchen per adulti esalta il recupero del tempo come ultima ratio per riappropriarsi del valore dell'esistenza umana e riscoprire l'etica della lentezza.

Alla piccola Momo, simbolo etereo di un'alternativa utopica, si contrappone la figura sanguigna del giovane Arturo (Elsa Morante, *L'isola di Arturo*, 1957), affascinato dal turbinio di colori, odori e sapori dell'isola procidana, avido di vita, di sentimenti forti e contrastanti, arso dalla violenza delle passioni e dall'asprezza dei rifiuti.

Arturo adulto si racconta adolescente, inebriato dal proprio sogno di onnipotenza e dall'estasi della libertà, aspettando il giorno pieno che non arriverà mai, mentre la donna-bambina conosce già il proprio destino di sacrificio, dolore, rapido sfiorire e precoce morte.

---

[7] *«Diese Welt…war auch sein Leben, etwas anderes… gab es nicht. Wer träumte, verhungerte oder erfror».»* Dieter Forte, *In der Erinnerung*, 1998.

IV - Il futuro

Il futuro che non è stato, è la molla che spinge Claire Zachanassian (*Der Besuch der alten Dame*, 1959, dello svizzero Friedrich Dürrenmatt) a tornare nel suo paesino di origine, da qualche parte nella Mitteleuropa.

Emigrata negli Stati Uniti dove ha accumulato una enorme ricchezza, Claire Zachanassian è abituata a comandare e si aspetta che i suoi ordini vengano eseguiti senza indugi.

Dall'altro lato vi sono i cittadini di Güllen, pronti a farsi manipolare come massa, abdicando alla responsabilità individuale per tornaconto personale. Al centro lui, Alfred Ill, l'uomo che causò la rovina e la cacciata della giovane e bella Claire, il carnefice che, attraverso un percorso catartico, si trasforma in vittima sacrificale.

Quando Claire lascia il paese dopo aver compiuto la propria vendetta, i Güllener sono diventati ricchi sporcandosi del sangue di Alfred.

Anche Joe Keller (Arthur Miller, *All My Sons*, 1947) ha le mani sporche di sangue, ma ha scaricato l'intera responsabilità sulle spalle del socio Steve, ritenuto colpevole della morte di numerosi aviatori caduti a causa di componenti meccanici difettati, prodotti proprio dall'azienda di Joe e Steve. Tra i caduti anche il figlio di Joe e fidanzato di Ann, figlia di Steve. L'intero dramma di Miller si snoda in un crescendo di sottintesi e frasi non dette, fino all'esplosione del terzo atto nel quale due donne si fronteggiano.

Fino a quel momento i Keller hanno voluto rimuovere il pensiero di un diretto coinvolgimento di Joe nell'accaduto, ma ora Ann vuole ricominciare a vivere con Chris e chiede aiuto a Kate Keller, alla madre che spera di rivedere il figlio maggiore disperso in combattimento. La lettera scritta da Larry ad Ann prima di schiantarsi con l'aereo squarcia la cortina di ipocrisia e di omertà, costringendo ad un fatale svelamento dell'anima.

La Maske è quella che Hans Schnier, di professione clown (Heinrich Boell, *Ansichten eines Clowns*, 1963), dismette nell'interazione personale, salvo rendersi conto che sono gli altri a non poterne fare a meno. Esiste un filtro che impedisce ai suoi genitori, a suo fratello, ai suoi conoscenti, di svelare la propria umanità. Scelgono quindi la disumanizzazione, il cui primo atto è la rimozione della morte di Henriette, sacrificata adolescente sull'altare del nazionalsocialismo. Nell'immediato dopoguerra i contatti nelle alte sfere e la presidenza di un comitato per la riconciliazione tra le razze, permettono agli Schnier un traghettamento indolore verso il Wirtschaftswunder da cui trarre il massimo profitto, allontanando da sé quel figlio ingrato che si ostina nella sua vita randagia fuori dagli schemi.

Nel 1956 *Look Back in Anger* dell'*angry young man* John Osborne, lanciò il grido di dolore di una generazione non integrata ed insofferente alle regole e al codice morale delle generazioni precedenti.

Jimmy riversa le sue insicurezze e la sua frustrazione sulla moglie Alison. Il matrimonio si trasforma in un campo di battaglia sul quale si fronteggiano l'esponente della working class e la rappresentante della upper middle class, figlia del colonialismo britannico.

Dallo scontro non emerge un vincitore, solo vinti.

Con una leggerezza che sfuma il dolore nel pudore, Natalia Ginzburg (*Lessico famigliare*, 1963) compone un potente affresco degli anni del fascismo e post-fascismo, evocando le personalità gravitanti intorno alla sua famiglia, (Filippo Turati, i fratelli Rosselli, Adriano Olivetti, Leone Ginzburg, Cesare Pavese), sorvolando lievemente sulle angosce e sui lutti domestici.

Ingrigita dagli eventi, con genitori invecchiati precocemente, si ritrova in un dopoguerra di promesse tradite: «Ma poi avvenne che la realtà si rivelò complessa e segreta, indecifrabile e oscura non meno che il mondo dei sogni; e si rivelò ancora situata di là dal vetro, e l'illusione di aver spezzato quel vetro si rivelò effimera», *Lessico famigliare*, 1963.

Sulle promesse tradite scrisse anche Luciano Bianciardi ne *La vita agra*, 1962, «La politica, come tutti sanno, ha cessato da molto tempo di essere scienza del buon governo, ed è diventata invece arte della conquista e della conservazione del potere. Così la bontà di un uomo politico non si misura sul bene che egli riesce a fare agli altri, ma sulla rapidità con cui arriva al vertice e sul tempo che vi si mantiene».

Oriana Fallaci si trovava a New York nel giorno dell'attacco alle torri gemelle e rimase sconvolta dalle immagini delle persone che si lanciavano nel vuoto dall'ottantesimo o centesimo piano in fiamme.

Al dramma delle persone intrappolate nelle due torri si aggiunse quello dei passeggeri di quattro aerei dirottati e trasformati in bombe umane su specifici obiettivi, a cui seguì l'abnegazione di centinaia di pompieri e poliziotti morti durante o a seguito delle operazioni di salvataggio.

Sull'onda delle emozioni di questo massacro nacque il saggio *La rabbia e l'orgoglio,* 2001, che delinea un percorso storico tra Occidente e Oriente, partendo dall'impegno proprio e del padre nelle fila partigiane di Giustizia e Libertà. Dopo la guerra la giovane Oriana cominciò a lavorare come inviata per un giornale, diventando così una testimone delle violazioni dei diritti umani e delle violenze perpetrate contro le donne da regimi dittatoriali e teocratici.

L'autrice esprime l'orgoglio di aver contribuito, lei quattordicenne, insieme al padre partigiano, a cambiare le sorti di un paese sprofondato nella dittatura e nella guerra; l'orgoglio di aver testimoniato, come reporter di guerra, le barbarie di altri regimi rei di aver commesso crimini atroci ai danni di persone inermi; e la rabbia per un sistema Italia che non valorizza al meglio le risorse del paese perdendo di vista l'obiettivo dell'interesse comune, ossia quello di mantenere uno «standard di vita che la cultura occidentale ha raggiunto ad ogni livello della società».

Tina Anselmi si racconta ad Anna Vinci in *Storia di una passione politica,* 2016, partendo dalla propria esperienza di staffetta partigiana, e dall'abitudine dei gruppi partigiani di riunirsi presso i contadini della zona, che misero a rischio le proprie vite e quella delle proprie famiglie in modo silenzioso.

Terminata la guerra per la giovane Tina Anselmi si aprì una stagione di impegno civile e politico. Inizialmente si adoperò nella tutela sindacale delle donne lavoratrici, come le filandiere, e nel miglioramento delle loro condizioni di vita, convincendo le donne ad iscriversi al sindacato per mantenere e potenziare i risultati ottenuti. Quando la Anselmi arrivò in Parlamento, nel 1968, aveva 41 anni e portò in dote l'enorme esperienza sindacale maturata che le permise, in seguito, di ricoprire, con cognizione di causa, il Ministero del Lavoro.

Nel 1976 Tina Anselmi fu il primo ministro donna della Repubblica italiana, così come Nilde Iotti fu, nel 1979, il primo presidente donna della Camera dei Deputati.

Tra il 1981 e il 1984 a Tina Anselmi fu affidata la presidenza della commissione parlamentare chiamata ad indagare sulla Loggia massonica P2. Furono anni difficilissimi per l'ostilità che la deputata sentì intorno a sé e per l'attacco alla sua persona e alla sua famiglia; furono addirittura scoperti tre chili di tritolo nell'abitazione confinante della sorella.

La commissione lavorò comunque in modo serrato producendo 120 volumi i cui dati purtroppo furono oscurati per lungo tempo.

L'inchiesta della commissione era partita dall'omicidio dell'avvocato Ambrosoli, nominato commissario liquidatore della Banca Privata gestita da Michele Sindona, e dalle minacce ricevute da Enrico Cuccia, allora al vertice di Mediobanca. La conclusione della Commissione parlamentare fu che la loggia massonica P2, avendo all'attivo collegamenti con la criminalità organizzata e con apparati deviati dello Stato, fu in grado di influenzare pesantemente il profilo economico-politico degli anni Settanta e Ottanta, rendendosi complice di efferati misfatti che hanno insanguinato la penisola in quegli anni «La democrazia chiede una assunzione di responsabilità e non ha bisogno di cittadini disimpegnati[…]Dicono che la condizione femminile è la spia della buona salute di una democrazia ed egualmente lo è la condizione in cui si trova la cultura. E noi siamo un paese che ha un patrimonio da difendere, un passato glorioso, sperperarlo è un segno di arroganza, ignoranza, di disinteresse per il bene comune. Mi sono sempre chiesta per quale motivo il disprezzo per la cultura vada di pari passo con il disprezzo per il valore delle donne….». (Tina Anselmi-Anna Vinci, *Storia di una passione politica, 2016*).

Parte Seconda

Il passato che non passa

"Es hat lange gedauert, etwas herauszufinden über die grundlegenden Dinge, die uns getrieben haben, die Menschen zu werden, die wir sind"

Arno Geiger, *Der alte König in seinem Exil*

I - Il passato che non passa

Il passato che non passa. Nel 1988, Thomas Bernhard (sarebbe deceduto l'anno seguente) scrisse il dramma *Heldenplatz* i cui protagonisti sono angosciati da un ricordo ossessivo che li macera. Due fratelli, riparati in England perché ebrei, tornano a Vienna sperando che l'atmosfera sia cambiata, ma l'esasperante eco dell'Anschluss, consumato sulla Heldenplatz nel 1938, spinge il maggiore dei due al suicidio.

Come in *Verstörung,*1967, e in *Holzfällen,* 1984, l'ambiente gretto e ostile intrappola l'anima sensibile in un soliloquio o la annienta impietosamente.

Insicura appare Anna Wulf, la figura centrale di *The Golden Notebook* (Doris Lessing, 1962). A metà cammino Anna comincia a tracciare bilanci, ad interrogarsi sulle scelte intraprese, a scandagliare le motivazioni contestuali e personali che hanno condotto a determinati risultati, sia sul piano oggettivo che soggettivo.

Dai numerosi diari tenuti da Anna, scaturisce il *golden notebook*, l'approdo finale di una lunga e tormentata analisi in termini individuali e generazionali.

Giunto alla soglia dei quarant'anni, anche Paul Gompitz (Friedrich Christian Delius, *Der Spaziergang von Rostock nach Syrakus*, 1997) comincia a valutare il proprio percorso di vita, soprattutto perché si sente soffocare e non riesce più a sopportare di essere prigioniero in patria. Solo chi appartiene agli apparati dello stato ha la possibilità di muoversi oltre cortina; al cittadino comune rimangono anni di lungaggini burocratiche, sofferte speranze ed amari rifiuti.

Con uno stile leggero ed agile, molto diverso da quello cupo ed intimista della scrittrice Christa Wolf (*Der geteilte Himmel*, 1961, *Unter den Linden*, *1977*), Delius traccia un bilancio di quattro decenni di DDR nella persona del protagonista, un oscuro cameriere dalla vita apparentemente banale ma dai sogni fantasmagorici: una vacanza in Italia.

Dopo aver esperito tutte le vie legali, Paul decide di espatriare illegalmente. Senza comunicare ad alcuno la propria intenzione, comincia a prepararsi con pazienza e meticolosità per il grande evento, e l'occasione si presenta alcuni anni più tardi.

Sopravvissuto alla traversata sul Mar del Nord, Paul Gompitz riesce a godersi l'agognata vacanza, attraversando Germania e Italia.

Quando rientra nella DDR siamo già nel 1989 e le reazioni della polizia di frontiera sono morbide. Il regime sarebbe crollato dopo pochi mesi e un altro scenario si sarebbe aperto a est.

«Le guerre dell'ultimo fin de siècle saranno ricordate per i nomi delle città dove imperversarono, non dei campi di battaglia: Vukovar, Dubrovnik, Sarajevo, Groznyj. Erano guerre contro i civili e contro la civiltà urbana». (Barbara Spinelli, *Il Sonno della Memoria*, 2001).

Il saggio di Barbara Spinelli abbraccia un arco temporale molto ampio per riportare alla mente alcuni dei più atroci massacri e genocidi, al fine di conservarne memoria nonostante il muro di indifferenza e la negazione delle responsabilità; il genocidio degli Armeni nel 1915, il massacro perpetrato dai residenti polacchi di una piccola cittadina ai danni dei propri concittadini ebrei nel 1941, le invasioni sovietiche a Budapest e Praga rispettivamente nel 1956 e 1968, i gulag sovietici, le guerre civili in Ruanda, ex Jugoslavia e Timor Est.

In nessun luogo Karoline von Günderrode e Heinrich von Kleist (Christa Wolf, *Kein Ort. Nirgends*, 1979) trovano la realizzazione dei propri sogni e delle proprie utopie. Nessun luogo può rispondere alle aspettative di questi due giovani verso una società più giusta e libera, verso relazioni umane non viziate da ipocrisie e convenzioni sociali. La Wolf consegna al lettore i pensieri di due anime belle dell'Ottocento tedesco, due figure sospese tra sogno e indifferente Realpolitik, indisponibili al compromesso.

L'eroe borghese è l'avvocato Giorgio Ambrosoli (Corrado Stajano, *Un eroe borghese*, 1991), nominato commissario liquidatore della Banca Privata Italiana di Michele Sindona nel 1974 e ucciso nel 1979, dopo cinque anni di indagini che svelarono gli intrecci tra mafia, finanza e politica a livelli nazionali e transnazionali.

Restano l'amarezza e l'indignazione per la morte prematura di una persona uccisa nell'adempimento del proprio lavoro, eseguito con scrupolo e coscienza.

Anche il giudice Rosario Livatino (Nando Dalla Chiesa, *Il giudice ragazzino*, 1992) conduceva con competenza ed onestà le proprie istruttorie, perseguendo crimini di mafia dalla procura di Agrigento e vedendo spesso vanificati i propri sforzi.

Il saggio di Nando Dalla Chiesa, contiene riferimenti puntuali ad inchieste condotte dal magistrato, dalle quali risulta un clima di contiguità e collusione tra ambienti mafiosi e classe politica.

«Accade […]che alcuni… si trovino isolati nel loro stesso contesto[…]Si muore generalmente perché si è soli[…] La mafia colpisce i servitori dello Stato che lo Stato non è riuscito a proteggere» da: Giovanni Falcone e Marcelle Padovani, *Cose di Cosa Nostra*, 1991.

«Giorgio Ambrosoli[…]sapeva che la sua coerenza l'avrebbe portato a confrontarsi con la morte. Non era sicuro di dover morire per il proprio lavoro, ma metteva in conto che sarebbe potuto accadere. E lo sapevano Alessandrini, Galli, Falcone e sua moglie morta con lui, Borsellino, e i ragazzi delle scorte..» da: Gherardo Colombo, *Il vizio della memoria*, 1996.

Il saggio del procuratore Nicola Gratteri e Antonio Nicaso, *La rete degli invisibili*, 2019, dedica un capitolo ad alcune donne che ebbero il coraggio di ribellarsi ad un sistema criminale che utilizza le donne per trasmettere i valori mafiosi in un contesto rigidamente maschilista, uso a far sposare le figlie minorenni per stringere alleanze e rafforzare il potere delle famiglie mafiose; finché qualcuna dice basta, porta via i figli e collabora con lo Stato.

Nell'organizzazione mafiosa l'identità personale viene annullata a vantaggio di un "noi" di affiliazione, con riti e rituali che rendono nemici tutti gli estranei alla cerchia, quindi eliminabili senza scrupoli di coscienza.

È fondamentale che lo Stato controlli il territorio per evitare che le mafie stringano rapporti corruttivi con sfere della società civile e delle istituzioni «Oggi per molti è più utile convivere che denunciare. A far finta di non vedere sono sempre più politici, bancari, professionisti, uomini delle istituzioni, una fauna ricca e folta di gente compromessa.» *(da La rete degli invisibili, 2019).*

Il Bastian di *Die unendliche Geschichte* (Michael Ende, 1979) intraprende un percorso ad ostacoli che lo condurrà al centro di sé stesso, al cuore. Giunto in fondo al tunnel della propria anima, Bastian risalirà alla luce e riuscirà a trasmettere nuova forza a coloro che lo avvicineranno.

L'individuo (Alfred Adler, *Der Sinn des Lebens*, 1933) ha di fronte a sé la scelta fra diversi stili di vita, e scegliendo uno sviluppo dinamico e responsabile, allora cercherà di compensare le proprie mancanze con una risposta razionale che lo guiderà verso il miglioramento di sé stesso. Adler amplia la visuale al contesto sociale nel quale è fondamentale coltivare generosità e solidarietà per formare individui consapevoli, capaci di interagire nella propria comunità e in grado di assumersi quelle responsabilità invocate anche da Vaclav Havel nel saggio *Il potere dei senza potere*, 1978, perché «un cambiamento in meglio[…]dovrà partire dall'uomo».

II - Voci dal passato

Il passato riaffiora alla mente del tranquillo professore britannico (Winfried Georg Sebald, *Austerlitz*, 2001) che si rivede bambino nella sala di aspetto di una stazione inglese, incapace di emettere un suono o perfino di respirare, alla vista dei due adulti che lo avrebbero accolto.

Ricorda le notti insonni in quella casa fredda, con gli abiti troppo leggeri e lo struggente desiderio di rivedere i volti sorridenti di mamma e papà.

Il percorso a ritroso lo riporta a Praga, e qui le parole di Véra, amica e vicina di casa di Agáta, sua madre, compongono le immagini e i colori della sua infanzia.

Agáta e Maximilian; la scomparsa di Maximilian, arrestato e presumibilmente ucciso; la decisione di Agáta, prima della deportazione nel lager, di donare al figlio almeno una speranza di sopravvivenza; là in fila con tanti altri bimbi, lo zainetto sulle gracili spalle, in attesa del Sondertransport per l'England, unica possibilità di salvezza.

Negli anni Sessanta del Novecento una nuova generazione di autori tedeschi decise di confrontarsi con il passato e la questione della Schuldfrage; tra loro drammaturghi del Dokumentartheater che basarono le proprie opere su documenti storici e processuali, come Peter Weiss, *Die Ermittlung*, 1965, e Rolf Hochhut, *Der Stellvertreter*, 1963.

E negli Anni Sessanta sono nati alcuni autori di lingua tedesca che hanno scelto di ripercorrere gli anni della dittatura, della guerra e della costruzione del muro.

Nel romanzo *Der Trafikant,* 2016, l' austriaco Robert Seethaler delinea il rapido deterioramento del clima sociale nel periodo a ridosso dell'Anschluß.

Il diciassettenne Franz arriva a Vienna e viene assunto in una rivendita di giornali e sigarette gestita da un reduce della Grande guerra indennizzato per l'invalidità subìta proprio tramite l'assegnazione della Trafik.

Franz familiarizza con la lettura dei giornali che gli rivelano nuovi orizzonti e sviluppano il suo senso critico; e conosce la clientela, formata anche da molti ebrei, fra i quali il famoso Sigmund Freud.

Tuttavia, l'antisemitismo strisciante diventa presto ostilità aperta verso coloro che frequentano gli ebrei, e i resoconti dei giornali si uniformano alle nuove direttive, diventando interscambiabili tra loro.

Con l'arresto e conseguente morte del Trafikant, Franz si ritrova temporaneamente solo nella gestione della Trafik, fino al momento in cui la polizia torna per arrestare anche lui, inghiottito dall'imbarbarimento generale.

È austriaco anche Arno Geiger, autore di *Der alte König in seinem Exil,* 2012, dedicato al padre, che, arruolato giovanissimo verso la fine della seconda guerra mondiale, era finito, debilitato e malato, in un campo di detenzione russo.

Ritornato fortunosamente a casa, il giovane aveva dismesso la divisa e giurato a sé stesso che non si sarebbe mai più spostato dalla propria casa; non ne sentiva la necessità, aveva già visto il mondo e tanto gli bastava.

Così, anche negli anni dominati dall'alzheimer,

il sentimento che maggiormente lo aveva animato, era stata la ricerca della Geborgenheit: heimgehen, tornare a casa.

Il romanzo *Die Berlinreise*, del tedesco Hanns-Josef Ortheil, scritto nel 2014 ma ambientato nel 1964, è raccontato dalla prospettiva di un adolescente in viaggio per Berlino con il padre.

La madre si era rifiutata di accompagnarli, di tornare a Berlino, che lei percepiva come il luogo che trasudava del sangue dei figli perduti; ed ora, dopo la costruzione del muro, Berlino era diventata il simbolo della guerra fredda.

III - La distanza

Sunset Park (Paul Auster, 2010) è un viaggio tra le generazioni attraverso i ritratti di Miles e Morris Heller, e di tutti coloro che gravitano intorno alle due figure; dalla generazione solida ed assertiva uscita dalla seconda guerra mondiale, alle fragilità del mondo contemporaneo che priva giovani e meno giovani di ogni speranza nel futuro.

Una riflessione sull'esistenza la offre Philip Roth in *Everyman,* 2006. Un'indagine che scandaglia l'esistenza umana nelle sue varie fasi e nelle molteplici relazioni e implicazioni. La vitalità della giovinezza, capace di dominare le onde nel giorno assolato; il desiderio; il tradimento e le decisioni impulsive che sconvolgono un ritmo consolidato; l'abbandono, la malattia e la morte.

Il protagonista di *Everyman* aveva ben presto riconosciuto le bugie delle religioni e aveva compreso che esistono solo i nostri corpi, destinati a nascere e morire secondo le premesse determinate da chi ci ha preceduto e generato[8].

Contano solo la persona e la sua traccia solcata nel cuore di chi sopravvive, e il narratore Elias Canetti ci fa comprendere quanto amore ci voglia per ricreare nella nostra mente e nel nostro animo la persona amata

---

[8] *«Religion was a lie that he had recognised*
early in life, and he found all religions offensive….
There was only our bodies, born to live and die on terms
decided by the bodies that had lived and died before
us.» Philip Roth, *Everyman,* 2006

deceduta, in maniera che l'amato non ci abbandoni mai e si riesca a parlare con lui anticipandone desideri e pensieri.(Elias Canetti, *Das Augenspiel*,1985)[9].

Come si conciliano giovinezza e vecchiaia in una società che insegue giovanilismo ed apparenza fino al parossismo e considera l'invecchiamento una malattia da esorcizzare?

Alan Bennett, *The Uncommon Reader*, 2007 (giocando con il *Common Reader* di Virginia Woolf) accosta una anziana signora ed un giovane gay, gli esponenti di due minoranze.

Il giovane inserviente e l'anziana regina condividono una dirompente passione per la lettura e la scrittura, e per ogni forma di creatività non convenzionale. La regina decide infine di abdicare, rendendosi conto di non poter più ricoprire un ruolo che continuerebbe ad avallare una Realpolitik in conflitto con la propria coscienza.

Di una enorme distanza che separa la politica dal quotidiano impegno delle persone comuni, racconta Ermanno Rea in *Mistero Napoletano*, 1995. In forma diaristica Rea documenta il suo ritorno a Napoli dopo quarant'anni di assenza, un rientro temporaneo, dettato solo dall'esigenza di indagare le cause che spinsero al suicidio due intellettuali della Napoli degli Anni Cinquanta.

---

[9] «Es gehört sehr viel Liebe dazu, einen Toten so zu
erschaffen, dass er nie mehr schwindet, dass man ihn
hört, mit ihm spricht und seine Wünsche erfährt, die
er immer haben wird, weil man ihn schuf».
Elias Canetti, *Das Augenspiel*, 1985

Dalla narrazione emerge il quadro di un periodo storico in cui sia la città che le persone appaiono limitate nelle proprie potenzialità.

Da un lato lo sviluppo portuale di Napoli venne inibito dalle operazioni in corso in piena guerra fredda, dall'altro i quadri della politica locale non ammettevano individualismi e dissenso, impegnati come erano piuttosto in una lotta interna per il mantenimento e l'accrescimento delle posizioni di potere, sprecando così personalità che avrebbero potuto apportare idee nuove e migliorative.

I non allineati, come il matematico Renato Cacciopoli o la giornalista Francesca Nobili, cadevano sotto la scure di una mentalità ancora troppo piena di pregiudizi e maschilista.

Rea ne registra i suicidi a distanza di due anni l'uno dall'altra. Alla tristezza per i lutti e le perdite del passato, si abbina il senso di straniamento che l'autore prova di fronte alla Napoli contemporanea. E adesso cosa resta? (Christa Wolf, *Was bleibt?*, 1990).

Scrive Federico Rampini in *Love*, 2014, «L'eurozona è stata precipitata in una prima recessione made in Usa nel 2009, poi è ricaduta in una seconda, quindi stremata da una terza depressione. Queste ultime due crisi in rapida successione sono state fabbricate a tavolino, sono made in Europe, perché sono il frutto delle scelte dei governi…Non si può parlare di crescita senza occuparsi anche delle diseguaglianze. Un modello di sviluppo dove la ricchezza viene concentrata tutta in poche mani è logorato da una malattia grave.. Il tema delle diseguaglianze non è quindi esclusivamente etico, non interpella soltanto le nostre coscienze, ma è anche un problema economico…».

Con l'attuale divario tra redditi da lavoro e redditi da capitali o speculazioni finanziarie a livello globale (Thomas Piketty, *Il Capitale del XXI secolo*, 2013) risulta più difficile, se non impossibile, risalire la scala sociale. Il saggio di Yanis Varoufakis, *Talking to My Daughter*, 2013, richiama l'attenzione sul ruolo imprescindibile della politica nel governo della situazione economica dei singoli paesi. Le scelte politiche determinano le condizioni culturali, sociali, economiche ed ambientali in cui versano i cittadini di una nazione; e sono le decisioni politiche a poter garantire e implementare la salvaguardia dei diritti umani, la tutela ambientale, un dignitoso tenore di vita di tutti i cittadini che permetta la crescita dell'intera comunità sulla base di uguali e pari opportunità.

Con impegno e dedizione *Stoner* (John Williams, 1965) attraversa due guerre mondiali passando dalle poverissime condizioni di manovalanza contadina agli scranni accademici, al netto del disprezzo di varie frange dell'upper class che lo considerano un corpo estraneo da espellere.

Alla fine resta la parabola di una persona che ha elevato il proprio animo al di sopra di grettezza, meschinità e fallimenti, conservando una straordinaria intensità interiore che lo stesso Stoner definisce "vita":

«It was a passion neither of the mind nor of the flesh; rather, it was a force that comprehended them both…To a woman or to a poem, it said simply: Look! I'm alive».

Parte Terza

Quale progetto per quale paese

"Life comes; life goes; we make life"

Virginia Woolf, *The Waves*

"Made weak by time and fate, but strong in will

To strive, to seek, to find, and not to yield"

Alfred Tennyson, *Ulysses*

I - Quale progetto

Noi siamo la nostra memoria, siamo gli incontri che ci hanno rischiarato il cammino, i luoghi vissuti, i profumi e gli odori respirati, le immagini interiorizzate ed evocate.

Noi siamo la storia di chi ci ha preceduti e ci ha aiutati a comprendere un percorso ad oggi sempre più impervio e frammentato, o a prefigurare un futuro che alcuni grandi autori hanno immaginato come realtà distopiche chiamate *Brave New World, 1984, The Handmaid's Tale*.

Un panorama monocromo, polveroso e negletto, accompagna la malinconica esistenza del protagonista di *1984* (George Orwell, 1949), quel Winston Smith diviso tra individualismo e conformismo, con in bocca l'amaro sapore di un passato che deve essere stato differente, mentre il presente è solo miseria e annullamento dell'individuo; con il presentimento che il totalitarismo e lo stato di guerra perenne portano a distruzione, povertà, massacri e all'abbattimento di qualunque vestigia possa rammentare il fantasma di antiche civiltà.

Il colore grigio è l'unico che l'adolescente Anna (Sibylle Berg, *Habe ich dir eigentlich erzählt...*, 2006) abbia mai conosciuto come cittadina della DDR, («Meine Stadt ist grau, und auch das ganze Land»), collegando il grigiume all'abbruttimento della popolazione, e i colori ad una nuova prospettiva di vita.

Quale progetto per quale tipo di paese?

Il saggio *Paesaggio Costituzione cemento* (2010), del professor Salvatore Settis, riflette sull'importanza di salvaguardare il territorio e migliorare la qualità della vita per favorire una crescita più armonica ed equa della società. Le città italiane, dal 1500 in avanti, sono state antesignane nel legiferare a tutela del patrimonio culturale e paesaggistico, sviluppando una forte identità locale, che si rifletteva nell'orgoglio di esibire i propri monumenti e le proprie ville armoniosamente inserite nella natura. Attualmente si assiste ad un degrado che non riesce ad arginare la speculazione edilizia.

Bisogna tornare a pensare al paesaggio come ad un bene collettivo per cui ogni danno diventa un danno alla comunità e al singolo cittadino.

«… se il nostro patrimonio è tanto abbondante e diffuso, è perché abbiamo fino a ieri saputo conservarlo; e abbiamo saputo conservarlo perché vi abbiamo riconosciuto il nostro orizzonte di civiltà, la nostra anima.»

«… è necessario ripartire da capo[…] dalla legittima difesa della nostra salute, da un senso alto e generoso della nostra comunità di cittadini, del pubblico interesse, dei diritti delle generazioni future…», da *Paesaggio Costituzione cemento*.

Il saggio *Non ci possiamo più permettere uno stato sociale (Falso)*, 2012, del giornalista Federico Rampini, invita ad apprezzare il nostro sistema sociale e sconsiglia l'imitazione di altri sistemi, come ad esempio quello statunitense.

Rampini sottolinea come, negli Stati Uniti e non solo, l'ascensore sociale si sia interrotto e per le nuove leve sia diventato molto difficile sollevarsi dall'indigenza. Inoltre il prelievo fiscale, vicino a quello previsto in Italia, non garantisce uguali servizi. Negli Stati Uniti l'assistenza sanitaria generalmente viene contrattata con compagnie assicurative non sempre affidabili, i costi dell'istruzione sono onerosi, i trasporti sono spesso più dissestati dei trasporti italiani e le pensioni sono affidate ai solo fondi pensionistici.

I posti di lavoro sono considerati talmente flessibili da indurre i datori di lavoro a non investire mai nella formazione di personale a ricambio continuo e quindi non sempre preparato alle mansioni richieste, mentre i sindacati sono troppo indeboliti per avanzare richieste di miglioramenti in ambito retributivo o lavorativo.

Nel frattempo *(Non ci possiamo più permettere uno stato sociale. Falso)*, la speculazione finanziaria non controllata ha condotto Stati Uniti, Regno Unito, Irlanda e Spagna al peggior crash azionario degli ultimi decenni, con indesiderati riverberi su tutta la zona Euro. A tale riguardo, il keynesiano Paul Krugman ritiene che la crisi sia dovuta alle enormi risorse inutilizzate e che, rimettendo in circolo capitali e forza lavoro, si otterrebbero un più alto reddito nazionale e maggiore gettito fiscale. Regolare il sistema economico significherebbe contrastare le manovre speculative. Dall'introduzione del saggio *Dark Economy*, 2012, di Antonio Cianciullo ed Enrico Fontana: « Quando i riflettori del consumo si spengono e gli spettatori si distraggono, per i rifiuti si apre un bivio che costringe a scegliere tra due universi paralleli e inconciliabili: dark economy e green economy».

«La rinuncia alla gestione moderna del momento conclusivo del ciclo di produzione contribuisce a mortificare le capacità di tenuta sociale e tecnologica del paese, che continua a perdere ricchezza e capacità competitiva.»

«Questo libro offre la fotografia di un paese disgregato che si barrica perché ha perso fiducia nelle sue capacità di reagire e chiude il cortile di casa ai veleni per ritrovarseli poi in tavola; ma mostra anche il filo che lega la battaglia contro l'ecomafia allo sforzo per costruire un'economia che cresce puntando sull'efficienza, sulle fonti rinnovabili, sui consumi consapevoli. Un filo che parte proprio dal destino dei rifiuti.» (da *Dark Economy*, 2012).

A ridisegnare un modello di giustizia sociale aveva provato il professor Federico Caffè, ritratto da Ermanno Rea come uomo integro e compreso nella sua responsabilità di educatore e appassionato keynesiano. (Ermanno Rea, *L'ultima lezione*, 1992).

Federico Caffè è stato uno stimatissimo professore di Economia all'Università di Roma, ma ancora giovanissimo, aveva anche ricoperto importanti incarichi istituzionali nel Partito d'Azione al fianco di Ferruccio Parri e in Banca d'Italia, come consulente, sempre al servizio di una «gestione pubblica senza interferenze private delle attività economiche di base, accompagnata da una politica economica di sostegno alla piccola e media impresa, in maniera da garantire una libertà economica concepita come eguaglianza di opportunità per tutti».

Non vedendo concretizzarsi i propri principi, Caffè preferì dedicarsi agli studenti, investendo tutte le proprie energie nella loro formazione scientifica e soprattutto umana.

Il suo obiettivo era la costruzione di una società convinta di essere nazione, di avere valori comuni, diritti e doveri comuni.

Caffè tornò ancora sulla scena pubblica; nel 1979, quando, insieme a numerosi altri economisti ed intellettuali, difese l'onorabilità dell'allora governatore della Banca d'Italia e l'indipendenza dell' istituzione sotto attacco dopo l'esplosione del caso legato agli affari di Sindona; e poi ancora nel 1985, quando, sotto le aule della Facoltà di Economia, fu ucciso uno tra i più brillanti dei suoi ex-allievi, in seguito ordinario di Economia, Ezio Tarantelli.

«Le idee sporcate dal sangue: quale bestemmia peggiore di questa. Le idee[…]ridotte a pallottole conficcate nel corpo di un uomo il cui torto era stato quello di proporre un rimedio, buono o cattivo che fosse, contro la disoccupazione».

«Una società giusta, umana, può essere soltanto il risultato di un forte impegno individuale e collettivo, può essere soltanto il frutto della nostra consapevolezza[…]che il mercato non aggiusta affatto le cose da sé».

«Una società in cui la parola Stato non rappresenti una semplice finzione nominalistica ma indichi qualcosa di forte e d'importante nella coscienza di ciascuno» (da Ermanno Rea, *L'ultima lezione*, 1992).

Nel 2015 Loris Campetti diede voce a persone che avevano perso il posto di lavoro a metà del loro percorso di vita, persone che avevano negli anni costruito una rete di relazioni sociali e avevano investito le proprie energie in una prospettiva futura.

Il saggio *Non ho l'età, Perdere il lavoro a Cinquant'anni*, 2015, riporta una prefazione di Rossana Rossanda con riferimento ai postumi della crisi finanziaria 2007-2008 «..in quella tempesta sono scomparsi secolari opifici, antiche ditte, sostituite in genere da imprese nuove e più deboli, rilevate da qualche tardivo acquirente[…]Ma nell'uragano volano soprattutto gli stracci…»

Negli ultimi decenni gran parte delle industrie e degli stabilimenti italiani sono stati ceduti a grandi complessi che spesso non avevano alcun interesse a valorizzarne le risorse in equilibrio con l'ambiente circostante; questo passaggio di cessione in cessione ha anzi distrutto quella capillarità imprenditoriale che aveva risollevato l'Italia nel secondo dopoguerra, ha sperperato fondi pubblici, determinato la perdita di prezioso capitale umano, (personale altamente qualificato che, rimasto senza lavoro, non può certo contribuire alla crescita economica e valoriale di una nazione), e causato danni ambientali.

Il saggio di Campetti passa in rassegna i destini di numerose aziende vendute o passate a speculatori, con l'umiliazione delle professionalità cresciute sul campo, con l'impoverimento dell'indotto e di intere aree, come dimostra «..la trafila dell'informatica, soprattutto la sua crisi, dalla mitica Olivetti al suo omicidio con la conseguente diaspora di operai, ricercatori, saperi, di cessione in cessione, di padrone in padrone: Honeywell, Bull, Eutelia, Agile, Omega, di accordo sindacale in accordo sindacale finché quel che restava del nostro patrimonio informatico è finito nelle mani….» dell'ultimo proprietario condannato per bancarotta fraudolenta e riparato all'estero.

Loris Campetti raccoglie i resoconti amari di persone la cui vita è stata distrutta da condotte imprenditoriali scellerate, come nel caso dell'Isochimica di Avellino, azienda creata negli Anni Ottanta quando si verificò anche il terremoto in Irpinia.

Il lavoro consisteva nello "scoibentare" i vagoni ferroviari che i ferrovieri non volevano più trattare essendone morti dei loro già negli anni precedenti. I vagoni furono quindi trasportati all'Isochimica che aveva creato lavoro a scapito della salute degli assunti, i cui esposti finivano regolarmente insabbiati; finché la pratica si incrociò con altri filoni di indagine che hanno portato a mandati di arresto per vari reati e che hanno fatto emergere una realtà di assunzioni in assenza di qualsiasi tutela della salute dei lavoratori e in assenza di qualsiasi coscienza ambientale, con i lavoratori stretti nella morsa di un ricatto che oppone il lavoro alla salute, lo stipendio ai diritti.

Ad oggi, sono centinaia gli operai della Isochimica ammalatisi seriamente in seguito alla loro esposizione all'amianto; lavoratori ancora relativamente giovani che non vengono più assunti non potendo ricevere un certificato di sana e robusta costituzione.

Scrive Campetti «Sono già 20 le vittime, almeno 200 gli operai ammalati ai polmoni, alle pleuri, nel sangue. La crocidolite, nome dell'amianto blu, il più pericoloso, colpisce senza guardare in faccia nessuno, magari dopo 20 o persino 30 anni dal momento dell'esposizione. E nessuna indagine epidemiologica è stata fatta tra gli abitanti del territorio impestato dalle fibre di asbesto. C'è perfino una scuola a cento metri dalle emissioni» (da *Non ho l'età, Perdere il lavoro a Cinquant'anni*).

La Polimeri Ottana era nel centro della Sardegna e ha significato una emancipazione culturale per i giovani di allora, anche se la crescita industriale non è stata sostenuta dagli interventi strutturali che avrebbero potuto imprimere un reale e sano sviluppo dell'isola.

Negli Anni Novanta la legge sulla sicurezza sul posto di lavoro ha dotato le aziende di nuove figure e di consapevolezza dei rischi. Il gigante chimico americano che è subentrato ad Eni nella proprietà dello stabilimento ha tenuto sotto controllo gli impianti fino alla cessione, nel 2010, ad un imprenditore italiano associato ad una multinazionale thailandese; la nuova proprietà era più interessata ai 29 ettari di terreno e ai fondi pubblici che alla chimica e alla tutela ambientale. La forza principale del polo chimico era rappresentata dai propri lavoratori, fino al loro licenziamento sotto la nuova gestione; gestione poi coinvolta nel fraudolento sversamento di sostanze inquinanti, oltre alle emissioni nocive nell'area per mancata manutenzione dell'impianto.

Loris Campetti aggiunge le voci delle cosiddette partite Iva, in realtà impiegate stabilmente nelle aziende, che si risvegliano a cinquant'anni e scoprono di essere considerate troppo vecchie per lavorare e di essere anche scoperte sul fronte pensionistico; oppure la voce di chi pensava di poter trascorrere l'intera carriera lavorativa presso un'azienda e finisce invece tra le migliaia di licenziamenti annunciati dalla multinazionale americana Whirpool, (acquirente della Indesit) cercando ora di sopravvivere con piccoli lavoretti pagati a voucher in un'area ormai depressa dalla disoccupazione diffusa.

«Cosa significa trovarsi a 50 anni senza un lavoro perché delocalizzano la fabbrica o tagliano il personale, o l'azienda fallisce? Come si sopravvive se si è troppo giovani per la pensione e considerati troppo vecchi per essere ricollocati, con i figli ancora a scuola e un mutuo da pagare?» (da *Non ho l'età, Perdere il lavoro a Cinquant'anni*, 2015*)*.

II - L'angelo del focolare

Il vortice della Grande Guerra travolge i reduci, prima risucchiati dalla macelleria della guerra e poi catapultati in un mondo percorso da cambiamenti epocali.

Il Septimus di *Mrs. Dalloway* (Virginia Woolf, 1925) diviene l'emblema del reduce scioccato dalle esperienze belliche, disadattato, autistico, incapace di riacquistare un rapporto normale con la quotidianità civile ed umana. Septimus ha perso qualunque contatto con la realtà, è perseguitato da visioni e allucinazioni, angosciato da un senso di colpa che lo indurrà a distruggersi.

Il suo sradicamento viene ulteriormente sottolineato dall'unica figura al suo fianco, la giovane e triste moglie italiana «... the young woman seeming foreign, the man looking queer».

Come l'*Ulysses* di James Joyce (1922), anche *Mrs.Dalloway* si snoda nell'arco di una sola giornata, amplificando quindi non la sequenza degli avvenimenti quanto piuttosto la miriade di pensieri, riflessioni e ricordi che si affacciano alla mente di ognuno.

Il climax della giornata è il party durante il quale Mrs Dalloway apprenderà del suicidio di Septimius Warren Smith da un suo conoscente; le fragilità esistenziali del reduce a confronto con le fragilità esistenziali del ruolo femminile in società.

Virginia Woolf non fa uso del tempo storico, oggettivo, lineare e misurabile, bensì utilizza il tempo interiore, soggettivo e dilatato dall'intensità delle emozioni personali.

Un evento esterno anche minimo può innescare una serie di associazioni che tendono l'istante fino all'infinito.

Virginia Woolf scrisse anche testi sulla questione femminile, come il saggio *A Room of One's Own,* (1929), nel quale l'autrice suggeriva alle donne di conquistarsi il proprio posto nella società attraverso una buona istruzione e l'indipendenza economica; ed inventò la prodigiosa figura di *Orlando,* (1928), che attraversa vari secoli e numerose avventure.

Orlando nasce uomo, beneficiando come tale di privilegi e di onori riconosciuti non solo al suo genere ma anche al rango nobiliare di appartenenza, poi improvvisamente si ritrova trasformato in una donna, pur conservando la propria identità e la propria indole indipendente e curiosa «Orlando had become a woman, but remained precisily as he had been…».

Soffocata da una cultura patriarcale e maschilista, la Woolf elabora in Orlando un ibrido che sperimenta dapprima gli immensi privilegi attribuiti all'uomo e successivamente subisce le limitazioni, le rinunce e i sacrifici imposti alla donna in quanto tale, «she realised[…]the penalties[…] of her position».

Come uomo, viaggiatore attraverso i secoli, Orlando aveva considerato le donne secondo lo stereotipo imposto dalla cultura dominante; ora, come donna, Orlando si ritrova inibita dalle medesime strettoie. Orlando donna è un'entità differente, che decide di unirsi ad un'altra entità speculare al proprio animo. Da questa unione con la propria metà di platoniana memoria scaturirà un'esplosione poetica condensata nella frase «She wrote. She wrote».

Nel corso dei secoli l'immagine della donna si modifica, non solo nell'abbigliamento e nell'acconciatura, ma soprattutto nella consapevolezza e nei diritti acquisiti.

Quei diritti, per esempio, negati alle Bennet di *Pride and Prejudice* (Jane Austen, 1813), defraudate del proprio patrimonio a beneficio di un erede maschio. Il Married Women's Property Act sarebbe stato promulgato solo nel 1882.

Theodore Fontane indaga le implicazioni del ruolo femminile nel microcosmo berlinese di fine Ottocento; le differenze tra aristocrazia e borghesia e le differenze all'interno della stessa borghesia.

Il romanzo *Effi Briest*, pubblicato nel 1895, disegna il normale percorso compiuto da una giovane di buona famiglia, affidata in sposa ad un uomo più anziano che la considera solo un oggetto di sua proprietà, sacrificabile quindi al mantenimento della propria onorabilità.

Nonostante l'uomo comprenda i meccanismi sociali di cui si sente succubo, non riesce a sottrarsene, condannando sé stesso all'infelicità e la moglie ripudiata ad una breve vita di stenti e umiliazioni.

In *Irrungen, Wirrungen* (Theodore Fontane, 1888), l'autore ritrae una giovane donna conscia di non potersi aspettare niente più di quanto la propria bassa estrazione sociale le consenta di avere.

Pur essendo innamorata e ricambiata nei sentimenti dal giovane barone Botho, non avanza alcuna pretesa nei suoi confronti.

Quando Botho, ormai rassegnato ad un matrimonio di convenienza, apprende delle imminenti nozze dell'amata Lene, non gli sfugge la sottolineatura con cui la moglie accentua il nome per esteso di Lene, Magdalene, (Friedrich Hebbel, *Maria Magdalena*, 1843), sentendosi piccolo e meschino.

Ritorna il modello culturale che già nell'antica Grecia divideva le donne "oneste" dalle donne che "cantano" (da Eva Cantarella, *Itaca*, 2002)

«Le sirene, Circe, Calipso, non vivono all'interno di un gruppo familiare, sotto il comando di un uomo. Anziché obbedire tacendo, come fanno le donne oneste, esse alzano la voce, non solo per cantare, ma anche per comandare...».

La brillante interazione dialogica con cui Fontane vivacizza i propri romanzi era stata preceduta dalla verve delle opere di Jane Austen, come *Pride and Prejudice*, 1813.

In questo caso il giovane aristocratico sposerà la giovane di rango inferiore, che proviene comunque dalla piccola nobiltà terriera, ma le pagine che preludono al matrimonio offrono l'opportunità di esaminare la condizione in subordine della donna inglese all'inizio dell'Ottocento.

La dichiarazione di Darcy a Elizabeth contiene tutti gli elementi di giudizio ai quali la donna era assoggettata: Elizabeth era considerata inferiore quanto a provenienza, relazioni familiari e sociali.

Darcy, sposandola, non solo non avrebbe tratto alcun vantaggio, ma anzi avrebbe ricevuto un danno patrimoniale e di immagine.

La risposta di Elizabeth a Darcy anticipa di decenni la rivendicazione della propria dignità di essere umano.

All'uomo sicuro di ricevere una riconoscente risposta positiva, Elizabeth rimprovera di averla insultata oltre ogni misura, dichiarandosi ad una donna ritenuta, per sua stessa ammissione, non all'altezza.

Nell'evoluzione degli eventi, i due giovani si riscopriranno sotto una nuova luce che ne illuminerà meglio le rispettive qualità e li indurrà a stimarsi reciprocamente.

All'inizio del ventesimo secolo si intravedono nuove prospettive per la donna, libera di porsi domande esistenziali e di pubblicare le proprie opere. Sullo sfondo rimane Orlando's husband, il sognatore, solcatore di mari prima e di cieli poi.

Il romanzo di Jane Austen *Sense and Sensibility* risale al 1811, due anni prima di *Pride and Prejudice*, ma sottolinea già le principali tematiche comuni ad entrambe le opere; la vulnerabilità della donna esclusa dall'asse ereditario e alla mercé di parenti affatto felici di farsene carico, e la necessità di un buon matrimonio per assicurarsi una onorabile posizione sociale.

Le giovani di famiglia agiata potevano garantirsi visibilità sociale sposando un uomo facoltoso e di estrazione elevata, quindi il matrimonio come contratto per migliorare o almeno mantenere una posizione sociale dignitosa. Anche giovani uomini altolocati senza patrimonio, come il Willoughby di Marianne, ambivano ad un matrimonio di convenienza per garantirsi la tranquillità economica.

La condizione della donna di inizio Ottocento era comunque più fragile, non essendo ancora stato varato il Married Women's Property Act, e le vedove o orfane di padre venivano defraudate dei propri averi dal primo erede maschio in linea di successione, il quale graziosamente assegnava una piccola rendita alla vedova, rendita generalmente talmente esigua da determinare l'esclusione sociale delle figlie femmine, situazione raccontata in *Sense and Sensibility* e adombrata in *Pride and Prejudice*.

Anche il fattore età, collegato ad una aspettativa di vita intorno ai sessant'anni per le classi benestanti, giocava un ruolo importante, e le giovani di vent'anni erano considerate già a rischio di non trovare più un buon partito. Questo spiega perché Elizabeth di *Pride and Prejudice* non desideri rivelare la propria età e perché il matrimonio della sorella quindicenne Lydia Bennet sia considerato scandaloso non per l'età della sposa bensì perché preceduto da un elopment.

Durante le due guerre mondiali, in Europa come negli Stati Uniti, molte donne sostituirono gli uomini impegnati al fronte, lavorando nelle fabbriche, negli uffici e nei campi; cosa che aumentò il loro valore sociale agli occhi dell'opinione pubblica e permise loro di rivendicare conseguentemente tutta una serie di diritti negati fino a quel momento, come il diritto al voto nelle elezioni politiche e il diritto ad accedere a professioni generalmente maschili.

Nonostante ciò, le conquiste e i diritti acquisiti dalle donne sono stati e continuano ad essere messi in discussione da periodiche ondate oscurantiste che poggiano su arretratezza culturale.

Con uno stile scarno, asciutto e diaristico, Heinrich Böll, documenta i giorni di passione di una giovane donna trascinata nel fango da un popolare giornale scandalistico (*Die verlorene Ehre der Katharina Blum,* 1976). Notizie e particolari di un'inchiesta appena avviata vengono passati ad un giornalista senza scrupoli che manipola avvenimenti e persone al solo scopo di realizzare una serie di articoli sensazionalistici che diffamano e distruggono la reputazione di Katharina, dei suoi datori di lavoro e dei suoi amici, tutti ridotti sul lastrico ed espulsi dalla società prima che l'istruttoria sia chiusa.

Nonostante l'inchiesta giudiziaria prosciolga Katharina dalle accuse di favoreggiamento, dopo la campagna denigratoria che ha disgregato completamente la sua e la vita delle persone intorno a lei, è impossibile tornare alla normalità.

Il resoconto si chiude sull'omicidio del giornalista, (che nel frattempo si era reso responsabile della morte per collasso cardiaco della madre di Katharina), ucciso a casa della giovane che era andato a molestare, secondo l'equazione donna quindi prostituta.

Il romanzo *Plainsong,* dello statunitense Kent Haruf, 1999, fa emergere le angosce di figure femminili e maschili avviluppate nelle nebbie della vita. Emergono le difficili relazioni umane, la scoperta da parte dei piccoli Ike e Bobby che gli esseri umani modificano negli anni il proprio aspetto fisico, la fuga dalle responsabilità della madre di Ike e Bobby e della madre di Victoria, il machismo del ragazzo di Victoria.

Sarà la diciassettenne Victoria a comprendere la differenza tra la prospettiva di svilimento offertale da un ragazzo immaturo e violento e il porto sicuro offerto dai fratelli Macpheron, che già progettano di mandarla al college mentre loro si occuperanno del nascituro, una femminuccia. Alla fine, dal marasma nasce un nuovo equilibrio di speranza e forza, nasce un nuovo nucleo familiare basato su una scelta di reciproco rispetto e affetto.

È un mondo per donne?

La Shen Te imprenditrice (Bertolt Brecht, *Der gute Mensch von Sezuan*, 1941) viene sfruttata e ricattata moralmente proprio dalle persone che precedentemente l'avevano umiliata e cacciata come insolvente, e viene anche tradita dall'uomo dal quale attende un figlio.

Per tutelarsi, Shen Te è costretta ad inventarsi un doppio, un cugino che appare periodicamente e gestisce gli affari in modo disinvolto. D'altra parte le due eminenti personalità della città, il barbiere e la locatrice, avevano ben mostrato come prevaricare su altre persone.

Shen Te si rivela più abile di tanti uomini, ma il prezzo da pagare è la rinuncia alla propria identità femminile e alla propria umanità. Solo come "imprenditore" senza scrupoli, la donna ha una chance di sopravvivenza in questa società.

Il finale aperto si rivolge direttamente al pubblico in un accorato appello a trovare una soluzione che superi le categorie di sfruttati e sfruttatori, ricomponendo un quadro più solidale.

III - La barbarie

Dal punto di vista lavorativo, a dispetto dei diritti conquistati, le donne continuano ad essere svantaggiate rispetto agli uomini.

Ancora oggi, nelle multiformi realtà italiane, molte donne sono costrette a lavorare in nero, sotto il caporalato, a scegliere tra figli e carriera, perché comunque non supportate da tutta una serie di misure viceversa adottate nei confinanti paesi europei per incrementare la natalità e coniugarla con il lavoro.

Inoltre l'Italia vanta purtroppo anche il tragico primato dei femminicidi, aumentati rapidamente durante questa pandemia.

Se si è arrivati a questo punto si impone un serio confronto con questo fenomeno divenuto endemico poiché basato su un disprezzo della figura femminile rimasto sotterraneo alle sovrastrutture sviluppatesi negli anni.

I femminicidi sono la spia di recrudescenze ataviche che pensavamo superate, e svuotano i diritti di autodeterminazione e di emancipazione femminile in Italia.

Perché? Cosa non ha funzionato negli ultimi decenni?

Corrispondenti esteri, libri e film gettano lo sguardo su altre culture.

Un film del 2019, *"The Perfect Candidate"*, segue le difficoltà quotidiane di una giovane dottoressa saudita alle prese con le restrizioni, l'ostilità e i pregiudizi di una cultura che non accetta una donna libera.

Un romanzo del 2016, "*La moglie afghana*", di Fariba Nawa, racconta delle spose bambine in un Afghanistan dilaniato da lotte feroci e da spietati trafficanti.

"*Brulée vive*", "Bruciata viva", del 2003, è un romanzo autobiografico di una giovane nata in Cisgiordania, condannata a morte dalla propria famiglia per averla 'disonorata' rimanendo incinta prima del matrimonio. Nonostante le ustioni la giovane riesce a salvarsi grazie all'aiuto dell'associazione Terres des Hommes fino al suo trasferimento in Europa.

"*I Am Malala*", 2013, è l'autobiografia della giovane pakistana sopravvissuta all'attacco di militari talebani che le spararono per aver rivendicato il diritto all'istruzione delle adolescenti.

Nel film del 1961 "*Divorzio all'italiana*", il regista Pietro Germi denunciava quel fenomeno culturale di liberarsi di una moglie ingombrante, additata dal coniuge come presunta fedifraga, mediante l'espediente del delitto d'onore, le cui disposizioni sono state abrogate solo nel 1981, nonostante il divorzio fosse già stato introdotto nel 1970. Strutturalmente all'uomo veniva concessa la facoltà di invocare le attenuanti del delitto d'onore; questo fino al 1981.

Secondo un rapporto Eures 2019, le donne uccise in Italia da mariti, compagni, padri, figli o sul posto di lavoro, dal 2000 al 2019, sono state 3230.

Sono numerose le parti del mondo in cui nascere donna non è esattamente una fortuna, ma anche l'Europa non è immune dalla discriminazione di genere e i femminicidi hanno subìto una escalation, in Italia ma non solo.

Negli Anni Settanta del Novecento il Parlamento italiano ha varato leggi importanti, come l'introduzione del divorzio e la legge 194, ma per altri vitali provvedimenti si dovette aspettare.

Come già ricordato, le disposizioni sul delitto d'onore sono state abrogate nel 1981 e fino al 1996 lo stupro era un reato contro la morale invece che un reato contro la persona.

Del 2019 è un saggio di Maria Concetta Tringali dedicato alla violenza di genere in Italia, *Femminicidio e violenza di genere*, con una interessante prefazione di Francesca Brezzi: «Il femminicidio attraversa ogni epoca, ogni cultura, ogni luogo[…]il dominio maschile sulle donne è la più antica e costante forma di oppressione esistente. Infine, e soprattutto, il femminicidio viola i diritti umani di più della metà della popolazione mondiale, spesso con la connivenza delle istituzioni.» Scrive la Brezzi «Il fenomeno non può essere relegato a situazioni di disagio sociale, perché riguarda donne di ogni condizione e gli uomini colpevoli sono di diversa estrazione culturale, politica e sociale; esso costituisce un sopruso trasversale che non conosce confini di etnia, età, religione, censo.»

Maria Concetta Tringali sottolinea che anche l'uso del linguaggio tradisce e permea modelli culturali e stereotipi, diventando «mezzo ed espressione del pregiudizio e della discriminazione».

L'espressione "femminicidio" si afferma prima negli Stati Uniti tra gli anni Settanta e Novanta, per poi diffondersi anche in Europa, con riferimento specifico all'omicidio di donne in quanto tali, nell'impunità e indifferenza generali, sia a livello sociale che istituzionale, per la negazione dei diritti umani delle donne e la loro esclusione dallo sviluppo e dalla democrazia.

Analizzando la situazione in termini economici, al femminicidio vengono associati la perdita del capitale umano, i costi per la cura degli orfani e dei parenti della vittima, i costi legali e processuali, i costi legati alle maggiori difficoltà che le seconde generazioni incontreranno ad inserirsi nel mondo educativo e lavorativo.

Spesso le mogli e i figli maltrattati non riescono ad emanciparsi per dipendenza economica dal maltrattante, e qui possono giocare un ruolo i centri antiviolenza che andrebbero implementati su tutto il territorio nazionale.

In aggiunta si assiste anche alla violenza perpetrata come ritorsione sulle figlie o sui figli, come nel caso di un genitore condannato all'ergastolo nel 2017, con conferma in Appello, per aver ucciso la figlia dodicenne e attentato alla vita dell'altra figlia poi sopravvissuta.

Quanto sono ritenute credibili e degne di rispetto le vittime? Quante le donne che hanno denunciato e non sono state aiutate e quante le donne che non hanno ritenuto utile denunciare?

Il saggio di Maria Concetta Tringali riporta parte di un discorso tenuto da Rashida Manjoo alle Nazioni Unite nel 2012: «La violenza contro le donne resta un problema importante in Italia[….]La maggior parte delle manifestazioni di violenza è sottostimata nel contesto di una società patriarcale dove la violenza domestica non è percepita come un crimine; dove le vittime sono largamente dipendenti economicamente da coloro che infliggono la violenza; e persiste la percezione che la risposta dello Stato non sia sufficiente e di aiuto. Il contesto legale prevede una sufficiente protezione per la violenza contro le donne. Tuttavia, è caratterizzato da frammentazione, inadeguata risposta sanzionatoria per i violenti e mancanza di un effettivo risarcimento per le donne vittime di violenza…».

Un'agenzia delle Nazioni Unite ha ribadito nel 2013 che in Italia c'è un grave problema di sessismo e seppure nel terzo millennio, i pregiudizi di genere non sono stati scalfiti e non bastano norme prescrittive a cambiare l'immagine tradizionale della donna subalterna.

Dopo la Convenzione di Istanbul lo Stato italiano viene sollecitato ad adottare urgenti misure contro il sessismo e la misoginia in generale al fine di modificare attitudini patriarcali e rendere effettiva la parità di genere in ambito socio-lavorativo.

Viene citato anche un passaggio dell'intervento a Montecitorio, nel 2017, della giornalista Luisa Betti Dakli, «…raccontare in maniera corretta questo fenomeno da parte dei media è una concreta forma di prevenzione e contrasto alla violenza[…]E' quando la donna non viene creduta, quando viene mandata a casa a fare pace col marito dopo essersi rivolta alle forze dell'ordine, è la non protezione, è il giudizio nei suoi confronti, è mettere sullo stesso piano la donna che si difende e l'uomo che aggredisce..» (da *Femminicidio e violenza di genere*).

E l'aggressione non è frutto di un raptus, come sottolinea la Commissione d'inchiesta al Senato, perché la totalità delle sentenze indica che gli omicidi sono il frutto di pregresse violenze, minacce, pedinamenti, con la feroce determinazione di distruggere una persona considerata oggetto. Né gli stupri possono essere raccontati come delle bravate.

La consapevolezza che l'ottica della narrazione e i termini usati nei giornali e nella lingua parlata siano fondamentali è una conquista recente (Manifesto di Venezia, 2017) e fatica ad infrangere una visione del mondo al maschile, «specchio di millenni di patriarcato».

INDICE

Youcanprint
Finito di stampare nel mese di Febbraio 2021

www.ingramcontent.com/pod-product-compliance
Lightning Source LLC
Chambersburg PA
CBHW031217160726
47992CB00006B/2787